Bibliografische Information der Deutschen Nationalbibliothek:

Die Deutsche Bibliothek verzeichnet diese Publikation in der Deutschen National-bibliografie; detaillierte bibliografische Daten sind im Internet über http://dnb.d-nb.de/ abrufbar.

Impressum:

Copyright © 2017 GRIN Verlag
Druck und Bindung: Books on Demand GmbH, Norderstedt Germany
ISBN: 9783668688605

Vanessa Borck

Online-Währung. Ein zeitweiliger Trend oder ein Weg in eine bargeldlose Zukunft?

GRIN Verlag

GRIN - Your knowledge has value

Der GRIN Verlag publiziert seit 1998 wissenschaftliche Arbeiten von Studenten, Hochschullehrern und anderen Akademikern als eBook und gedrucktes Buch. Die Verlagswebsite www.grin.com ist die ideale Plattform zur Veröffentlichung von Hausarbeiten, Abschlussarbeiten, wissenschaftlichen Aufsätzen, Dissertationen und Fachbüchern.

Besuchen Sie uns im Internet:

http://www.grin.com/

http://www.facebook.com/grincom

http://www.twitter.com/grin_com

Online-Währung –

Ein zeitweiliger Trend oder ein Weg in eine bargeldlose Zukunft?

Studienarbeit

vorgelegt am 14.August.2017

an der

Hochschule für Wirtschaft und Recht Berlin

Fachbereich Duales Studium

I.   Inhaltsverzeichnis

II.   Abbildungsverzeichnis

1. Einleitung

Stellen Sie sich vor, es sei ein Montagmorgen in recht naher Zukunft. Der Wecker schellt. Sie stehen auf. Der erste Blick schwenkt auf das Smartphone. Sie sehen Social-Media durch. Anschließend schauen Sie sich, noch im Halbschlaf, in einem Onlineshop eine neue Kleidungskollektion an. Sie finden ein Hemd, welches Ihnen außerordentlich gut gefällt. In der morgendlichen Hektik drücken sie auf die „1-Klick-Bestellung" und der jeweilige Betrag wird direkt per *Kryptowährung* Ihrer Wahl bezahlt und automatisch bestellt. Der Bestätigungs-E-Mail entnehmen Sie, dass der Artikel noch heute geliefert wird. In Erwartung Ihres Gehalts öffnen Sie noch schnell Ihre E-Wallet, welche nur durch einen 2FA-Schlüssel[1] und eine Gesichtserkennung gesichert ist. Anschließend folgt der Weg zur Arbeit. Da der Straßenverkehr hauptsächlich aus vollautomatischem Car-Service besteht, mieten Sie sich zügig ein Auto über Ihre „Car-Service App". Dazu wählen Sie aus Ihren favorisierten Strecken Ihren Arbeitsweg aus und nehmen das bereitgestellte Auto, welches sich 50 Meter von Ihrer Haustür entfernt, befindet. Sie überlegen sich, vor Arbeitsbeginn noch ein Brötchen beim nahegelegenen Bäcker zu kaufen - Kleinbeträge stellen keine Herausforderung dar, da diese problemlos und kostenfrei von einer zur anderen Wallet transferiert werden. Auch das Gebäck zahlen Sie mit der Kryptowährung Bitcoins. Sie scannen an der Theke den QR-Code, welche die Einzahlungsadresse des Backshops beinhaltet, und transferieren die benötigte Anzahl an Bitcoins an die Wallet-Adresse. Alles was für diesen Kaufprozess nötig ist, ist Ihr Smartphone oder Ihre Smartwatch, damit Sie die Wallet-Adresse nicht manuell eingeben müssen. Anschließend steigen Sie in ihr vollautomatisches Auto und fahren Richtung Arbeitsstätte.[2]

Das vorangegangene fiktive Szenario beschreibt die Zügigkeit bzw. die effektive Zeitersparnis im Zahlvorgang durch die Verwendung einer (möglichen) Kryptowährung. So habe sich in den 1990-er Jahren nahezu niemand vorstellen können, dass Plattformen wie *YouTube* oder *Facebook* existieren würden. Analog dazu ist der futuristische Gedanke einer Kryptowährung gar nicht so weit hergeholt, da es bereits heutzutage Anwendungen gibt, in denen Formen der Kryptotechnologie genutzt werden.[3] Unter anderem gibt es Wallet-Anbieter, die mit internationalen Banken kooperieren, und somit Kreditkarten bereitstellen. Der Nutzer hat die Möglichkeit, die Bitcoins auf der Wallet in einen Euro-Betrag umzutauschen und diesen sofort auf

---

[1] 2FA: „Zwei-Faktor-Authentifizierung"
[2] Vgl. Sixt, Elfriede (2017): S.5-8.
[3] Vgl. Sixt, Elfriede (2017): S.5-9.

die Kreditkarte zu transferieren. Des Weiteren gibt es Möglichkeiten, seine virtuelle Währung in Gutscheine für bekannte Onlineshops einzulösen. Außerdem erhöht sich die Anzahl der Firmen und Verkäufer, die virtuelle Währung als Zahlungsmittel akzeptieren, beständig. Dieses Thema wird in Kapitel 3 bei der Reichweite von Kryptowährung näher erläutert.[4]

Die vorliegende Studienarbeit befasst sich mit der Fragestellung: "Online-Währung – ein zeitweiliger Trend oder ein Weg in eine bargeldlose Zukunft?". Während die ersten Kapitel nur dazu dienen Grundlagen zu erläutern, konkretisiert das vierte Kapitel verschiedene Onlinewährungen. Nachfolgend unterstützt eine Onlineumfrage mit über 100 TeilnehmerInnen die Beantwortung der Fragestellung. Die Umfrage dient dazu Daten zur Reichweite, zum Potenzial und zum Nutzen zu gewinnen. Um die Seminararbeit abzurunden, wird im letzten Kapitel eine SWOT-Analyse durchgeführt. Hierbei kommt es zu einer Stärken-Schwächen-Analyse und zu einer Chancen-Risiken-Analyse. Neben einer ausgiebigen Bewertung im Vergleich zur traditionellen Währung, werden die Chancen und Risiken der Kryptowährung herauskristallisiert um die Fragestellung „Online-Währung – Ein zeitweiliger Trend oder ein Weg in eine bargeldlose Zukunft?" in der Schlussbetrachtung beantwortet.[5]

In der folgenden Arbeit sind auf Grund der leichteren Lesbarkeit personenbezogene Bezeichnungen als geschlechtsneutral zu verstehen. Dies bedeutet, dass Teilnehmer und Teilnehmerinnen sowie Bürger und Bürgerinnen et cetera gleichermaßen angesehen sind. Außer es geht um spezifische Unterschiede beider Geschlechter.

---

[4] Vgl. https://cryptopay.me/card_orders/new abgerufen am 22.06.2017.
[5] Vgl. Schneider, Dieter J. G. (2002): S.87.

2. Historie des Geldes

Ein Leben ohne Geld? Heutzutage schwer vorstellbar. Denn Geld ist ein universales Zahlungsmittel, welches einen Vergleich verschiedener Güter möglich macht.[6] Schon vor Jahrhunderten, als die Entstehung des ersten Geldes begann, wurde Erfolg und Reichtum durch materielle Dinge wie durch Muscheln oder Münzen repräsentiert. Im dritten Jahrtausend vor Christus wurden schon Salz, Schmuck und vor allem Bruchsilber als Zahlungsmittel genutzt. Wichtige Merkmale der Zahlungsmittel waren eine beschränkte Verfügbarkeit, die Möglichkeit einer Übertragung sowie die Langlebigkeit des Gutes.[7] Der Übergang zum Münzgeld fand ab dem 7. Jahrhundert vor Christus statt. Um ein Gut (z.b. einen Tisch) zu kaufen, zahlte man mit einer Goldmünze. Die Herstellung einer Goldmünze stellte sich als schwierig dar, da Gold ein seltenes materielles Gut ist. Eine Goldmünze anzufertigen war mit einer größeren physischen Arbeit verbunden, als ein Nutztier (z.b. eine Kuh) groß zu ziehen. Dieser größere verbundene Arbeitsaufwand sorgte für den intrinsischen Wert der Goldmünze. Beispielsweise besitzen Banknoten heute kaum einen intrinsischen Materialwert. Der Wert des Materials eines 100 Euro Scheins liegt weit unter einem Cent.[8] Knapp zwei Jahrtausende später wurde erstmals 1609 Papiergeld aus einer Bank von Amsterdam in Umlauf gebracht. In Deutschland wurden dagegen erst knapp 100 Jahre später die ersten Banknoten in Köln ausgegeben und wurden als Zahlungsmittel akzeptiert. Um ein international stabiles Zahlungssystem aufzubauen, hat man Ende des 19. Jahrhunderts beschlossen, dass Gold als wertbeständiger Währungsstandard anzusehen ist. Dies bedeutet, dass Geld zu einem festen Wechselkurs gegen Gold eingetauscht werden konnte und kann. Dadurch durften nur so viel Papiergeld in Umlauf gegeben werden, wie auch Goldreserven erhältlich waren.[9] Während der Inflation im Oktober 1923 kam es in Deutschland zu einem allgemeinen Wertverlust des Geldes. Eine Fahrkarte für die Straßenbahn kostete ganze 4.5 Millionen Mark. Es kam zwischen 1914 und 1923 zur deutschen Hyperinflation. Ursachen dieser Inflation waren insbesondere die Geld- und Finanzpolitik der jungen Weimarer Republik sowie die Finanzierungsart im Ersten Weltkrieg.[10] Das Deutsche Reich gab zur Zeit des Ersten Weltkriegs Kriegsanleihen an die Bürger

---

[6] Vgl. Hesse, Jan-Otmar (2013): S.142.

[7] Vgl. Sixt, Elfriede (2017): S.158-160.

[8] Vgl. Rossmann ,Alexander; Tangelmann, Michael (2015): S.503.

[9] Vgl. Sixt, Elfriede (2017): S.162-168.

[10] Vgl. Vgl. Hesse, Jan-Otmar (2013): S.142.

aus. Diese wollten ihre Soldaten an der Front unterstützen und somit wurden rund 85% (98 Milliarden Reichsmark) der Kriegskosten damit abgedeckt.[11] Fast zwanzig Jahre später, im Juni 1948, kam es zur Einführung der D-Mark als Zahlungsmittel. Es gab das Wirtschaftswunder, wodurch das Geld wieder an Wert erlangte und den Erwerb von Waren ermöglichte. Am 01.Juli.1990 fand die Ablösung der Mark der DDR durch die D-Mark statt und wurde als Zahlungsmittel akzeptiert. Die politische Umstrukturierung Deutschlands brachte am ersten Januar 2002 den Euro in ganz Deutschland mit sich. Darüber hinaus wurde er ebenfalls in elf weiteren Teilnehmerländern eingeführt. Schon bald folgten mobile Geräte, die bei Bezahlvorgängen zum Einsatz kamen. Fortan nutze man Smartphones, Tablets und Online Banking zur Durchführung von Überweisungen.[12]

Für den weiteren Verlauf dieser Seminararbeit ist es essenziell, welche Merkmale eine Währung mit sich bringen muss um in den Alltag integriert zu werden. Eine wichtige Funktion von Geld ist die Recheneinheit. Dies bedeutet, dass man Güter sowie Dienstleistungen in Geld berechnen kann. Jene Recheneinheit wird somit als Bewertungs- und Kalkulationsgrundlage genommen, um Waren mit einander zu vergleichen. Außerdem muss die Funktion eines Wertaufbewahrungsmittels erfüllt sein. Geld wird zur Vermögensbildung gehalten. Das bedeutet, dass die Währung auch in den nächsten Jahrzehnten in seine rKaufkraft unverändert bleibt und in eine ähnlich gleichbleibende Gütermenge umgewandelt werden kann. Als letztes muss Geld als Tausch- und Zahlungsmittel fungieren. Alle Käufe sowie Verkäufe oder Verbindlichkeiten müssen mit der Währung bezahlbar sein. Durch die zweimalige Geldentwertung in Folge der Kriege in Deutschland geht die Funktion von Geld schrittweise verloren. Die Gesellschaft sucht nach Alternativen als Wertbewahrungsmittel und flüchtet in Sachwerte, Rohstoffe und womöglich in eine andere alternative Währung – die Kryptowährung.[13]

---

[11] Vgl. „Die Finanzquelle des Krieges" ,http://boerse.ard.de/boersenwissen/boersengeschichte-n/die-finanzquelle-des-krieges100.html, abgerufen am 06.06.2017.
[12] Vgl. https://www.mdm.de/muenzwelt/einfuehrung-ins-muenzen-sammeln/geschichte-des-geldes abgerufen am 22.06.2017.
[13] Vgl. Czada,Peter (2013): S.7.

3.   Online-Währung im Allgemeinen

„Virtuelle Währungen sind langfristig sehr vielversprechend, insbesondere, wenn die Abwicklung von Zahlungen dank Innovationen schneller, sicherer und effektiver erfolgt."[14] Bereits Ben Bernanke, ehemaliger Präsident der US-Notenbank Federal Reserve äußerte sich positiv über Online-Währung.[15]

Online-Währung findet man schon länger im Alltag wieder. Bonuspunkte im Supermarkt, Flugmeilen, Sammelsticker für Lebensmittel – dies kann man alles unter „virtuelle Währungen" fassen, da sie nicht staatlich reguliert sind und nur innerhalb des jeweiligen Unternehmensprogramms akzeptiert werden. Dies bedeutet, dass die gesammelten Supermarkt-Punkte nicht gegen Flugmeilen umgetauscht werden können oder in einer Bank gegen Bargeld. Hier wird der Nachteil direkt ersichtlich – ändert die Firma ihr Bonusprogramm ab oder lässt es verfallen, so kann die virtuelle Währung durchaus wertlos werden. Trotzdem wird virtuelle Währung in einfacher Form von Sammelpunkten im Alltag akzeptiert, und Kryptowährungen, wie Bitcoins, als Alternative zu bestehenden Geldsystemen angesehen. Durch die Finanzkrise im September 2008 wurde an dem Finanz- und Währungssystem zunehmend gezweifelt.[16] Aus der Unsicherheit und der Kritik an dem Geldsystem wurde die erste virtuelle Währung „Bitcoins" geschaffen, welche im Unterkapitel 4.2.1 näher erläutert wird. Online-Währungen bestehen aus einer bestimmten Zusammenstellung verschlüsselter Informationen, der Kryptografie, sowie aus einem dezentralen virtuellen Netzwerk. Aufgrund dieser Basis wurde ein neues Währungssystem erschaffen. Anhand einer Google Trend Analyse kann man mitverfolgen, in welchem Zeitraum Kryptowährung populär wurde. Die Abbildung 1 zeigt, wie oft ein Suchbegriff in der Suchmaschine „Google" eingegeben wurde. Für die Analyse wurde der Begriff „Bitcoin", verwendet, da dieser der Beginn aller Kryptowährungen ist und somit die Entwicklungsanalyse ersichtlicher ist.[17] Die Abbildung 1 stellt die Popularität des Suchbegriffes im Zeitraum vom 08.07.2012 bis zum 01.07.2017 dar. Es ist ersichtlich, dass der Bitcoin erst ab dem Jahr 2013 einen gewissen Grad an Bekanntheit erlangt und Anfang 2014 ein Ma-

---

[14] http://www.tagesspiegel.de/wirtschaft/bitcoin-schattenwaehrung-laesst-experten-raetseln/9152370.html abgerufen am 27.06.2017.
[15] Vgl. http://www.tagesspiegel.de/wirtschaft/bitcoin-schattenwaehrung-laesst-experten-raetseln/9152370.html abgerufen am 27.06.2017.
[16] Vgl. Wallmüller, Ernst (2017): S.139.
[17] Vgl. http://t3n.de/news/kryptowaehrungen-boom-warum-824539/ abgerufen am 14.07.2017.

ximum an Google-Abfragen erreicht. Gründe hierfür sind unter anderem die Insolvenz der Bitcoin-Börse „Mt.Gox" und die größere Akzeptanz im asiatischen Raum (s. Kapitel 4.2.2).[18]

Abb.1 Weltweite Verbreitung dargestellt in einer Google-Trend-Analyse
Quelle: https://trends.google.de/trends/explore?q=bitcoin abgerufen am 14.07.2017.

In Deutschland verläuft der Graph der Google Trend Analyse sehr ähnlich. Insbesondere die Bundesländer Berlin, Bayern und Hessen bekunden großes Interesse und googeln den Begriff häufiger.[19] Gerade Berlin wird in Deutschland gerne als die „Bitcoin-Hauptstadt" benannt. Unter anderem wurde dort der „Room 77" gegründet. Dies ist einer der ersten „Kneipen", die Bitcoins akzeptieren. Mittlerweile wächst das Interesse an Bitcoins so stark, dass mindestens eine Person wöchentlich mit Bitcoins zahlt.[20] Außerdem kann die Verbreitung anhand der Anzahl an Transaktionen pro Tag verfolgt werden. Diese begannen am 22. Mai 2010. An diesem Tag wurde die erste reale Bitcoin-Transaktion durchgeführt, um zwei Pizzen für 10.000 Bitcoins zu kaufen. Das wäre heute ein Pizzapreis von umgerechnet 21.000.000 Euro. Seit 2011 stieg die durchschnittliche Anzahl an täglichen Transaktionen auf 1000 pro Tag an. In den kommenden Jahren gewann der Bitcoin immer mehr an Popularität und verzeichnet bis zum heutigen Tage bis zu 200.000 Transaktionen täglich.[21] Weiterhin ist die Tendenz steigend. Selbst große Automobilhersteller wie „Tesla" oder das bekannte Software-Unternehmen „Microsoft" akzeptieren die Kryptowährung „Bitcoin". Um den Zahlungsverkehr und den Kauf von Bitcoins zu vereinfachen, wurden mehrere „Bitcoin-Automaten" aufgestellt. Diese befinden sich unter anderem in Bratislava, New York und Berlin. Hier haben Menschen die Möglichkeit, ihr Bargeld gegen Bitcoins zu tauschen.[22] Bisher gibt es nur einen

---

[18] Vgl. http://t3n.de/news/kryptowaehrungen-boom-warum-824539/ abgerufen am 14.07.2017.
[19] Vgl. https://trends.google.de/trends/explore?geo=DE&q=bitcoin abgerufen am 27.06.2017.
[20] Vgl. https://www.morgenpost.de/bezirke/friedrichshain-kreuzberg/article119833982/In-Kreuzberg-kann-man-auch-mit-virtuellem-Geld-zahlen.html abgerufen am 20.07.2017.
[21] Vgl. Sixt, Elfriede (2017): S.17-19.
[22] Vgl. Schirmer, Steffi (2016): S.11-12.

Zuwachs von explizit Bitcoin-Akzeptanzstellen. Allerdings gewinnen auch alternative Währungen an Popularität. Bereits kursieren mehrere Petitionen, in denen Amazon aufgefordert wird, „Bitcoin" und den Altcoin „Litecoin" (s. Kapitel 4.3), zu akzeptieren. Während man in China und Japan bereits in zahlreichen Geschäften mit Kryptowährung bezahlen kann, verzeichnet die Amazon Petition momentan lediglich 5000 Unterschriften.[23]

4. Arten von virtueller Währung

4.1 Bitcoin – der Anfang der Kryptowährung

4.1.1 Grundlagen zum Bitcoin

Geld ohne Banken? Ist diese Vorstellung in diesem Jahrhundert möglich? Diese Frage wurde 2009 von einem unbekannten Softwareentwickler, welcher unter dem Pseudonym Satoshi Nakamoto bekannt wurde, beantwortet. Dieser rief den Bitcoin, eine neuartige Onlinewährung, ins Leben. Hier finden die Abwicklungen anonym, zwischen den partizipierenden Nutzern, statt. Diese Funktionsweise, die unter dem Namen „Peer-to-Peer" geläufig ist, wird im Unterkapitel 3.3 näher erläutert. Eine weitere Unterscheidung zu einer herkömmlichen Währung ist die nicht-staatliche Abwicklung. Während in Deutschland eine Banküberweisung in unterschiedliche Währungen transferiert werden kann (EURO, USD.), laufen Bitcoin-Transaktionen lediglich über Bitcoins und berücksichtigen hierbei keine anderen Währungen. Sie gelten somit als eine anonyme und unabhängige „Währung".[24] Bitcoins wurden zum ersten Mal im Juli 2010 über die Bitcoin-Börse „Mt. Gox" gehandelt. Damals betrug der Kurs um die 0.06 US-Dollar. Die gesamte Anzahl an Bitcoins, welche Nakamoto auf 21 Millionen begrenzt hat, hatte einen Gesamtwert von damals 277.000 US-Dollar.[25] Anhand Abb. 2 kann man die prognostizierte Entwicklung der BTC erkennen. Täglich werden maximal 3600 Einheiten geschaffen. Momentan sind durchschnittlich 16,3 Mio. Bitcoins im Umlauf. Daraus folgt, je näher das Limit rückt, desto weniger Bitcoins werden täglich geschaffen werden.[26]

---

[23] Vgl. https://www.btcgermany.de/bitcoin-und-litecoin-bald-von-amazon-als-zahlungsmittel-akzeptiert/ abgerufen am 06.06.2017. Sixt, Elfriede (2017): S.95.
[24] Vgl. Conrad, Peter (2013): S. 6.
[25] Vgl. Sixt, Elfriede (2017): S.20.
[26] Vgl. Clement, Reiner; Schreiber, Dirk (2016): S. 333-334.

Vorhersage der Gesamtmenge an Bitcoins bis zum Jahr 2033

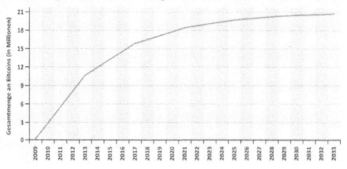

Abb.2 Prognose zur Bitcoin-Anzahl

Quelle:http://www.derhauptstadtbrief.de/bilder/hsb135/010.jpg abgerufen am 22.06.2017.

Wiederum ergibt sich, dass das Limit noch nicht erreicht ist und die Kryptowährung knapp bleibt. Durch diese begrenzte Anzahl gewinnen Bitcoins zunehmend an Wert.[27] Doch wer kann diese virtuelle Währung in Umlauf bringen? Um diese virtuelle Währung zu „erschaffen" sind sogenannte „Miner" zuständig. Sie kontrollieren die Transaktionen im Bitcoin-Netzwerk. Um BTC (Bicoins) zu „minen", sind spezielle Rechner sowie Mining-Pools notwendig. Bedeutend dabei ist, dass keine Instanz mehr als die Hälfte der Rechenleistung eines Netzwerks überprüfen kann, da sonst Transaktionen der Gefahr einer Fälschung unterliegen. Ein Miner muss, um einen neuen Block zu erstellen, zufällig neue Noncen[28] für den ausgewählten Block erzeugen. In Folge dessen kommt es durch den Block und einer generierten Nonce und zur Bildung eines Hashwertes[29]. Hat der Miner eine Nonce für den zu erstellenden Block gefunden, welche zu einem Hashwert mit genügend Nullen hinführt, so wird als Er-

---

[27] Vgl. https://www.gold.de/artikel/gold-notenbanken-treiben-investoren-in-bitcoin-co/ abgerufen am 04.07.2017.

[28] Nonce („number used once"): Es handelt sich um eine zufällige und nicht wiederholbare Reihenfolge von Zahlen, die mit Hilfe eines Zufallsgenerators erstellt wurde. Vgl. http://www.itwissen.info/nonce-number-used-once.html abgerufen am 22.06.2017.

[29] Hashwert: Oftmals eine hexadezimale Zeichenkette, welche Zahlen- und Buchstabenreihen auf eine festgelegte Anzahl verkürzt. z.B.: 2z190cb76e". Vgl. https://www.datenschutzbeauftragter-info.de/hashwerte-und-hashfunktionen-einfach-erklaert/ abgerufen am 22.06.2017.

gebnis ein valider Block erzeugt. Diese Prozedur wird als „Proof-of-Work" definiert.[30] Dies ist ein Algorithmus, welcher beweist, dass ein vorgeschriebener Rechenaufwand durchgeführt wurde, um eine Transaktion zu überprüfen.[31] Doch in welchem Zeitraum findet ein Miner die Lösung um einen Block zu generieren? Dieser betriebene Rechenaufwand ist als Zufall anzusehen. Ein Mining-Rechner kann die Lösung sofort finden oder auch erst nach mehreren Tagen. Aufgrund der hohen Anzahl an Minern, die weltweit zeitgleich an der einen Aufgabe arbeiten, ist die Wahrscheinlichkeit hoch, dass ein Rechner die Lösung in einem recht kurzen Zeitfenster findet. Zusammenfassend, ist die Schaffung der Bitcoins durch drei Ressourcen festgelegt. Durch die Zeit, die Komplexität sowie den Stromverbrauch der Rechner. Voraussichtlich wird die maximal verfügbare Anzahl an Bitcoins, in Höhe von 21 Mio., 2033 erreicht.[32] Allerdings stellt sich hierbei die Frage, für welche Verwendungen Bitcoins genutzt werden. Bitcoins können als elektronisches Zahlungsmittel für die Bezahlung von Dienstleistungen und als Güter genutzt werden. Zudem werden sie als eigenes Wertmaß angesehen. Der Preis einer Ware kann in der Einheit „Bitcoin" angegeben werden. Da schon seit 1980 anonyme Bezahlverfahren zur Debatte gestellt wurden und es sich bei Bitcoins nicht um eine staatlich anerkannte Währung handelt und sie somit nicht staatlich reguliert wird, ist sie nach deutschem Recht als „Rechnungseinheit" zu kategorisieren. Denn die Möglichkeit, bestimmte Zahlungen einzelnen Teilnehmern zuzuordnen, oder zu sehen, ob der Käufer bereits in der Vergangenheit eine Transaktion mit der Firma durchgeführt hat, wird hier nicht gegeben. Um an dem Bitcoin-Geschehen teilzunehmen, ist keine umfangreiche Registrierung notwendig. Diese erfolgt lediglich mit einer E-Mail-Adresse. Somit kann sich jeder Teilnehmer beliebig viele Bitcoin-Konten anlegen. Lediglich die IP-Adresse wird zur Kenntnis genommen, sofern kein Anonymisierungsnetz vom Verbraucher, z. B. TOR, genutzt wird.[33] TOR ist ein Werkzeug, das die Anonymität im Internet gewährt und Zensuren umgeht. Hierzu gehören z. B. Inhalte im Internet, die in Deutschland gesperrt werden und strafrechtlich verfolgt. Der Benutzer nutzt demzufolge Anonymisierungsprotokolle für seine verwendete IP-Adresse und somit kann diese

---

[30] Vgl.Clement, Reiner; Schreiber, Dirk (2016): S. 333-334.
[31] Vgl. Burgwinkel, Daniel (2016): S.115.
[32] Vgl. Clement, Reiner; Schreiber, Dirk (2016): S. 333-334.
[33] Vgl. Sorge, Christoph; Grimberghe-Krohn, Artus (2013): S.720-722.

nicht erkannt werden.[34] Demzufolge ist nur der Internet-Service-Provider bekannt, sowie die zugehörige Region des verwendeten Internetanschlusses.[35]

4.1.2 Kursentwicklung und Prognose

Wenn man Ende 2009 ganze 32.00 Euro in Bitcoins investiert hätte, bei einem Anfangskurs von 0.08 Cent, wäre man heute bei einem Kurs von 2.500€ ein Bitcoin-Millionär. Im Oktober 2009 ist der erste Wechselkurs veröffentlicht worden. Dieser entsprach zur damaligen Zeit 0.08 Cent für einen Bitcoin. Ein Jahr später wurde die virtuelle Währung das erste Mal über die Bitcoin-Börse „Mt. Gox" gehandelt. Der Wert der gesamten Bitcoins belief sich auf 277.000 US-Dollar. Anhand Abb.3 kann man den Bitcoin-Umtauschkurs er-kennen, der seit 2009 mehrere Hoch- und Tiefphasen hatte.

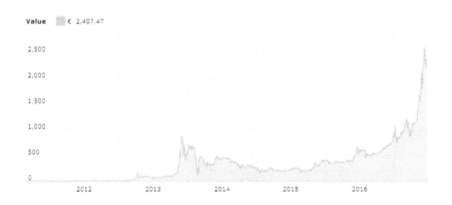

Abb.3 Kursentwicklung des Bitcoin bis Juni 2016
Quelle: https://www.btc-echo.de/bitcoin-kurs/ abgerufen am 23.06.2017

Allerdings ist der Bitcoin-Wert seit dessen Aufkommen tendenziell stark gestiegen.[36] Den starken Kursverfall konnte man Ende 2013 erkennen. Anfang 2013 stieg der Kurs um 8500% zum Vorjahr. Allerdings fiel er genauso schnell wieder um zwei Drittel. Die Gründe hierfür

---

[34] Vgl. Loshin,Peter (2015): S. 16-17.

[35] Vgl. Sorge, Christoph; Grimberghe-Krohn, Artus (2013): S.720-722.

[36] Vgl. Sixt, Elfriede (2017): S. 48.

waren vielseitig. Unter anderem kam es zur Schließung des Online-Drogenmarktplatzes „Silk Road", der als Zahlungsmittel hauptsächlich Bitcoin akzeptierte. Zudem kam es Anfang 2014 (s. Abb.3) zur Insolvenz der ersten Bitcoin-Börse „Mt. Gox".[37] Folglich kam es zu weniger Vertrauen in die digitale Währung. Andererseits gab es auch zu Hochphasen in dem Bitcoin-Geschehen. Durch steigendes Misstrauen im Wirtschaftssystem – wie unter anderem der Griechenlandkrise 2015 – wichen eine Menge in das neue elektronische Zahlungssystem aus. Seit des Tiefpunkts im Dezember 2013 steigt der Bitcoin-Kurs kontinuierlich an, bedingt durch das entfachte Misstrauen in den Euro. Dementsprechend ist die Ausweichmöglichkeit in eine neue Währung geschaffen.[38] Im Mai 2017 erreichte der Bitcoin erneut einen Meilenstein: die 1500€-Grenze, die auch als „Allzeithoch" bezeichnet wird. Circa zwei Wochen später stieg der Kurs ungehemmt in die Höhe und erreichte am 21.05.2017 die 2000-Euro-Marke. Gründe für diesen rasanten und unaufhaltsamen Anstieg der Kryptowährung sind unter anderem das bekundete Interesse von Investoren aus dem asiatischen Raum und Venezuela, welche eine Währungsabwertung befürchteten. Die Kurstendenz ist mit minimalen Einbrüchen steigend und hat die Tendenz, doppelt so viel wie eine Feinunze Gold (aktuell 1.125 Euro) wert zu sein. Somit wären nicht nur die Rohstoffe Gold und Silber ein sicherer Anlagehafen in Krisenzeiten, sondern auch die virtuelle Währung Bitcoin kann sich als durchaus lohnenswert erweisen.[39] Jeremy Liew, der als Erster in die Social-Media App „Snapchat" investierte, prognostizierte, dass der Bitcoin-Kurs bis 2030 auf einen Wert von bis zu einer halben Millionen US-Dollar steigen wird. Momentan sind es durchschnittlich 447.567 Euro. Verantwortlich dafür ist unter anderem die zunehmende Vernetzung von Smartphones. Der Anteil bargeldloser Zahlungen wird in den nächsten zehn Jahren von 15 auf 30 Prozent steigen. Somit wird jede fünfte Zahlung über digitale Wallets oder mobile Apps laufen. Zudem wird die Verbreitung von Smartphones weiterhin zunehmen und die Anzahl der Smartphone-Nutzern soll sich bis 2020 auf eine Billion vergrößern. Somit bestünde bei einer großen Masse die Alternative, bargeldlos zu bezahlen.[40]

---

[37] Vgl. Sixt, Elfriede (2017): S. 20-21.

[38] Vgl. Sixt, Elfriede (2017): S. 48-49.

[39] Vgl. http://t3n.de/news/bitcoin-knackt-2000-dollar-824768/ abgerufen am 23.06.2017.

[40] Vgl. http://www.businessinsider.de/der-erste-snapchat-investor-glaubt-dass-bitcoin-2030-500000-dollar-wert-sein-wird-2017-5 abgerufen am 23.06.2017.

4.1.3 Blockchain und Peer-to-Peer

Zum Verständnis des Bitcoin-Netzwerks oder auch zum Verständnis jeder anderen dezentralisierten virtuellen Währung werden im Folgenden das zentrale Werkzeug, die Blockchain, sowie das aufbauende Peer-to-Peer-Netzwerk beschrieben. Es gibt bei diesem Netzwerk keine zentrale Instanz oder einen Server, der die Kommunikation der Teilnehmer untereinander ermöglicht. Bitcoin ist ein Peer-to-Peer-Netzwerk, das die Möglichkeit schafft, dass jeder Teilnehmer des Netzwerkes mit anderen, gleichwertigen Teilnehmern verbunden ist. Das bedeutet, sobald ein Teilnehmer („peer") im Netz Informationen teilt, werden diese zeitgleich an die, mit ihm verbundenen Teilnehmer Sekundenschnelle weitergeleitet. Teilnehmer des P2P sind jene, welche eine Bitcoin-Software nutzen und mit dem Internet verbunden sind. Dies können z.B. eine oder mehrere Wallets sein. Wallets können auf unterschiedlichen Webseiten erstellt werden und sind digitale Brieftaschen, die die virtuelle Währung auf dem Konto lagert.[41] Sie sind für die Verwaltung der Bitcoin-Adressen zuständig, welche aus 27-34 zusammengesetzten alpha-nummerischen Stellen bestehen.[42] Alle Bitcoin-Adressen beginnen mit einer eins oder drei und werden einem bestimmten Bitcoin-Guthaben zugeordnet. Außerdem bestehen sie aus einem öffentlichen Schlüssel, den jeder Netzwerkteilnehmer sehen kann. Ebenfalls enthalten ist ein privater Schlüssel, den möglichst nur der Besitzer kennen sollte.[43] Oftmals werden Wallets nur für eine spezielle Kryptowährung erstellt. Demnach benötigt ein Teilnehmer verschiedene Wallets, wenn er unterschiedliche Währungen besitzt. Die Vorteile einer Wallet gegenüber einer normalen Brieftasche sind, dass sich die Wallet durch Verschlüsselung und Backups sichern lässt.[44] Abb. 4 zeigt, wie eine Bitcoin-Adresse, der dazugehörige private Schlüssel (zur Passwortwiederherstellung) und der QR-Code aussehen. Diesen kann man mit einem Smartphone einscannen und so rasant eine Auszahlung tätigen oder eine Einzahlung anfordern.[45] Eine wichtige Komponente ist das zentrale Werkzeug des Bitcoin-Netzwerkes, die Blockchain. Sie macht die virtuelle Währung erst möglich und bildet die Grundlage des Systems.

---

[41] Vgl. Platzer, Joerg (2014): S. 17-18.
[42] Vgl. http://www.blockchaincenter.de/fragen/wie-viele-bitcoin-adressen-gibt-es/ abgerufen am 22.06.2017.
[43] Vgl. https://de.bitcoin.it/wiki/Adresse abgerufen am 23.06.2017.
[44] Vgl. https://de.bitcoin.it/wiki/Adresse abgerufen am 22.06.2017.
[45] Vgl. https://bitcoin.org/de/bitcoin-fuer-einzelpersonen abgerufen am 22.06.2017.

16rfbtnaxhgGkrWnDY4biDZpeefMaVufB1

Und so sieht sie aus, wenn sie in Form eines QR-Codes angezeigt wird, den man einfach mit jedem Smartphone einscannen kann:

Das hier ist der private Schlüssel zu der obigen Adresse:

55cac057 31d314bf 3e455f09 99f40cec 7065c03b 0ff4adbe 1983655b 7cb0e91b

Abb. 4 Bitcoin-Adresse mit zugehörigem öffentlichen, privaten Schlüssel sowie in Form eines QR-Codes

Quelle: Platzer, Joerg (2014): S.19.

Während bei einer zentralisierten Buchhaltung eine große Datenbank alle Informationen speichert, können bei einem Bitcoin-Netzwerk alle Teilnehmer zeitgleich auf die Informationen zugreifen. Da es mit einem zu großen Aufwand verbunden wäre, bei einer Buchung ein Update auf der gesamten Datenbank durchzuführen und an alle Teilnehmer zu senden, wird das Problem durch die Blöcke behoben. Durchschnittlich wird alle zehn Minuten ein neuer Block geschaffen. Er enthält Informationen über die Transaktion, dem „Proof-of-Work" und ein kontrollierbareren mathematischen Zusammenhang zum vorausgegangen Block. Da jeder Block auf den nächsten durch den mathematischen Bezug aufeinander aufbaut, kommt es zu einer Reihe von Blöcken, die „aneinander gekettet" sind – die Blockchain. Somit wird eine zeitliche Reihenfolge geschaffen. Durch diese ist es möglich, die Transaktionen bis zum Anfang, bis zu dem ersten generierten Block von Satoshi Nakamoto, zurückzuverfolgen. Um die Richtigkeit der Transaktionen zu gewährleisten, muss ein Teilnehmer, der einen bestimmten Betrag, z.B. an eine andere Wallet senden möchte, auf sechs Bestätigungen der Blockchain warten. Ziel dieser Blockchain ist es, festzustellen, wer über welche Anzahl von Bitcoins zu einem bestimmten Zeitpunkt verfügt sowie die Richtigkeit der vorangegangenen Transaktionen zu überprüfen.[46]

4.2   Altcoins – die Alternative zum Bitcoin

Heutzutage gibt es neben Bitcoins noch andere Währungen, welche als „Altcoin" („alternative Coins") definiert werden. Sie unterscheiden sich von einander durch die Häufigkeit der Erstellung der neuen Blöcke, oder durch die Gesamtanzahl der Coins. Oftmals sind diese ins Leben gerufen worden, um bekannte Schwächen der Bitcoins, oder die Weiterentwicklung der Altcoins zu fördern, sowie neue Ideen auszuprobieren.[47] Momentan registriert die Internetseite coinmarketcap.com 793 Kryptowährungen.[48] Im Folgenden wird auf den Litecoin sowie eine Nutzungsmöglichkeit von alternativen Coins eingegangen.Ein Altcoin, der sich mittlerweile einer gewissen Bekanntheit erfreut, ist der Litecoin. Dieser wurde im Oktober 2011 ins Leben gerufen. Mit dem Ziel, die Konzentration der Miningleistung auf möglichst viele Teilnehmer zu erweitern. Damit wäre das Mining nicht nur auf Netzwerkteilnehmer mit hochspezialisierter Hardware begrenzt. Dies erhöht nicht nur die Fairness und senkt Stromkosten, sondern erhöht ebenfalls den Widerstand gegen eine 51%-Attacke.[49] Hierbei handelt sich um einen Angriff, wo eine Partei mehr als die Hälfte der Hashrate im Netzwerk aufbringt. Würden sich z.B. die drei größten Miningpools, welche Bitcoin erstellen, zusammentun, würden sie mehr als 50% der Hashrate aufbringen und würden die Kontrolle über getätigte Transaktionen bekommen. Die Partei kann Transaktionen abbrechen, dementsprechend diese nicht bestätigen, oder Transaktionen umkehren und auf anderen Konten transferieren.[50] Um dieses Risiko möglichst gering zu halten, sorgt der Litecoin dafür, dass keine zu großen Miningpools entstehen. Somit kann jeder Netzwerkteilnehmer mit einer bestimmten Rechnerleistung Litecoins schürfen.[51] Zudem ist der Litecoin die älteste und bekannteste Form der alternativen Coins mit einer Marktkapitalisierung im Juni 2017 in Höhe von knapp 2 Mio. Euro. Während beim Bitcoin insgesamt 21 Mio. in Umlauf gebracht werden können, sind es

[46] Vgl. Platzer, Joerg (2014): S.20-22.
[47] Vgl. Conrad, Peter (2013): S. 20ff.
[48] Vgl. https://coinmarketcap.com/ abgerufen am 29.06.2017.
[49] Vgl. Conrad, Peter (2013): S. 20ff.
[50] Vgl. https://www.btc-echo.de/bitcoin-51-attacke/ abgerufen am 29.06.2017.
[51] Vgl. Conrad, Peter (2013): S. 20ff.

beim Litecoin 84 Mio. Coins. Außerdem werden Blöcke alle 150 Sekunden erzeugt. Demzufolge kommt es zu einer kürzeren Bestätigungsdauer. Bisher erfreut sich der Litecoin schon einer gewissen Bekanntheit. Einige Wallet-Anbieter bieten den Litecoin zum Kauf und Verkauf an und geben die Möglichkeit, Litecoins in Amazon-Gutscheine einzutauschen.[52] Da alternative Coins momentan noch keine hohe Akzeptanz aufweisen, werden sie oft als Anlage- oder Investitionsgut genutzt. Während einige Nutzer auf eine hohe Kurssteigerung in den nächsten Jahren setzen und sich möglichst viele Litecoins kaufen und auf der Wallet lagern, nutzen andere das Investitionspotenzial. Insbesondere für risikoreiche sowie kurzfristige Investitionen können Altcoins benutzt, da sie meist einen geringen Kurs in Höhe weniger Cents haben und sehr beeinflussbar sind. Wenn ein Investor eine hohe Anzahl eines Altcoins kauft, kann der Kurs sich um ein zehnfaches erhöhen. Dies zeigt, dass Altcoins und auch der Urvater aller Kryptowährungen, Bitcoin, keine stabile Währungen sind und somit eine Gleichstellung mit unserer traditionellen Währung zunächst ausgeschlossen werden kann.[53]

5. Umfrage zur Reichweite und Nutzung von virtueller Währung

Um an die Theorie anzuknüpfen, wurde eine Onlineumfrage auf umfrageonline.com durchgeführt mit der Fragestellung: „Online-Währung: Eine bargeldlose Zukunft?". Darauffolgend unterstützt die SWOT-Analyse den Empirischen Teil. Bei den erfassten Werten handelt es sich um Online-Antworten von 100 Teilnehmern. Der Fragebogen beinhaltet zehn Fragen, die innerhalb eines Zeitfensters von meist fünf Minuten beantwortet werden konnten. Um keine spezifischen Teilnehmer zu finden und verschiedene Altersgruppen anzusprechen, wurde der Link zur Umfrage auf drei verschiedenen Portalen gepostet. Einmal in einer Hochschulgruppe auf der Social-Media Plattform Facebook, um eine jüngere Altersgruppe anzusprechen. Zudem wurde die Umfrage im Forum auf dem Portal „Kleiderkreisel.de" gepostet, um einen Großteil an weiblichen Nutzern anzusprechen. Zu guter Letzt wurde der Link auf „Ariva.de" eingestellt – ein Börsenforum, mit dem Ziel, Teilnehmer mit Interesse an Wirtschaftssystemen anzusprechen. Der Umfragelink wurde zum gleichen Zeitpunkt auf allen drei Portalen veröffentlicht und wurde nach 9 Tagen geschlossen, da 100 TeilnehmerInnen er-

---

[52] Vgl. Sixt, Elfriede (2017): S. 113.
[53] Vgl. http://cryptopump.blogspot.de/2014/08/erfolgreiches-pump-altcoin-daytrading.html abgerufen am 14.07.2017.

reicht wurden und keine Umfragebögen mehr ausgefüllt wurden. Das Ziel der Umfrage ist es, die Reichweite von Online-Währung zu untersuchen, sowie mögliche Nutzungen und Gründe herauszufinden. Insgesamt wurden 1019 Antworten gegeben.[54]

Ein Großteil der Befragten befindet sich derzeit in einem Alter zwischen 18-25 Jahren. Die hervorstechende Altersspanne unterstreicht, dass ein hoher Anteil an jungen TeilnehmerInnen Online-Fragebögen wahrnimmt. Eine mögliche Ursache dafür ist, dass die junge Generation kompatibler mit der Internetnutzung ist. Nur 1/10 der Teilnehmer waren mindestens 36 Jahre alt. Die Geschlechterverteilung ist relativ ausgeglichen. Die männlichen Teilnehmer machen mit 53% nur knapp mehr als die Hälfte der gesamten Befragten aus. Allerdings wird in den kommenden Fragen ein großer Unterschied in den Antwortmöglichkeiten bei beiden Geschlechtern ersichtlich. Die nachfolgende Frage betrachtet die Reichweite von virtueller Währung. Die Teilnehmer wurden befragt, ob sie schon etwas von virtueller Währung gehört haben. Dabei standen fünf verschiedenen Antwortmöglichkeiten zur Wahl. Ein Großteil der weiblichen Befragten (34 %) gab an, schon etwas darüber gelesen zu haben. Andere wiederum, haben schon einmal den Begriff gehört, aber wissen nicht, um was es sich handelt (24,5%). Dagegen hatten nur dreizehn Teilnehmerinnen schon einmal einen direkten Kontakt mit Onlinewährung. Hingegen verzeichnen die männlichen Befragten, die mit Kryptowährung bereits in Kontakt gekommen sind, knapp die Hälfte. Schon hier ist ein wesentlicher Unterschied zwischen beiden Geschlechtern zu erkennen. Überwiegend männliche Befragte beschäftigen sich mit Kryptowährung. Diese geschlechterspezifischen Unterschieden kommen daher, dass auf Plattformen, in denen überwiegend weibliche Nutzer vertreten sind (z.B. Pinterest[55]), es keine Informationen über virtuelle Währung gibt. Oftmals stehen Kryptowährungen nur bei Wirtschaftsmagazinen oder Börsen auf der Tagesordnung. Tendenziell fühlen sich Männer eher zu Wirtschaftsthemen hingezogen. Börse, Wirtschaft und Unternehmensberichterstattung werden von Männern bevorzugt. Frauen dagegen interessieren sich eher für soziale Themen. Dies zeigt, dass der unterschiedliche Informationsstand beider Geschlechter daher kommt, da Kryptowährung auf Medien vertreten ist, welche tendenziell eher von Männern angeschaut wird.[56]

---

[54] Vgl. Umfrageergebnisse: „Onlinewährung eine bargeldlose Zukunft?" (s.Anhang).
[55] Vgl. http://blog.wiwo.de/look-at-it/2014/05/14/pinterest-das-frauen-netzwerk-4-von-5-nutzern-sind-weiblich-und-92-prozent-aller-beitrage/ abgerufen am 13.07.2017.
[56] Vgl. Schnettler, Katrin (2013: S.107.

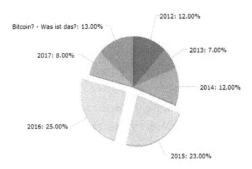

Abb. 5 Erster Kontakt mit Bitcoin

Quelle: Umfrage mit 100 Teilnehmern mit umfrageonline.com (Auswertung im Anhang)

Würde man Berichterstattungen über Onlinewährung auf diversen Plattformen einstellen, würde eine höhere Reichweite gewonnen werden. Auf die Frage (s.Abb. 5), in welchem Jahr die Befragten von der ersten Onlinewährung „Bitcoin" etwas gehört haben, antwortete ein Großteil mit „2015" und „2016".[57] Zum Vergleich: 2015 stand der Kurs bei ungefähr 220 Euro pro Bitcoin – Mitte 2017 dagegen stieg der Wert Bitcoins auf 2200 Euro.[58]

Hätten die 23 Teilnehmer, welche angaben, 2015 das erste Mal von Bitcoin gehört zu haben, sich die virtuelle Währung 2015 erworben und bis heute behalten, hätten sie einen Gewinn von beinahe 1000% gehabt. Somit hätten diese ihren Einsatz verzehnfacht. Außerdem gaben 13 Teilnehmer an, nicht zu wissen, was „Bitcoins" sind. Daraus ist zu schließen, dass die Reichweite in Deutschland zum Teil sehr gering ist und der Bedarf nach Marketingkampagnen oder ähnliches in Zukunft steigt. In Frage 5 waren sich beide Geschlechter einig, als sie nach der Bedeutung von virtueller Währung gefragt wurden. Beide sahen Online-Währung als Geld (dezentralisierte Währung) an. Am wenigsten wurde es von den Beteiligten als Anlagegut wahrgenommen. Verdeutlicht wird dadurch, dass die meisten der Beteiligten Bitcoins und andere alternative Währungen nicht als langfristig bezeichnen würden. Bedingt durch die unterschiedlichen Kursschwankungen. Zwar können sich die TeilnehmerInnen durchaus vorstellen, Online-Währung als ausschließliches Zahlungsmittel zu nutzen, aber würden nicht mehrere Jahre in diese Währung investieren oder sie als Anlagegut, wie Gold, verwenden. Dies

---

[57] Vgl. Umfrageergebnisse: „Onlinewährung eine bargeldlose Zukunft?" (s.Anhang).

[58] Vgl. http://www.ariva.de/btc-eur-bitcoin-euro-kurs/historische_kurse?boerse_id=163&month=2016-08-31&clean_split=1&clean_split=0&clean_payout=0&clean_bezug=1&clean_bezug=0 abgerufen am 29.06.2017.

zeigt, dass die Gesellschaft ein mangelndes Vertrauen in Kryptowährung hat. Durch die verschiedenen Hoch- und Tiefpunkte im Kursverlauf, wird es als eine unsichere Anlage betrachtet, die sehr risikobehaftet ist.[59] Die Frage, ob sie schon Onlinewährungen besitzen würden, verneinten deutlich mehr als die Hälfte der Teilnehmer (71,6%). Erneut ist es interessant zu betrachten, dass die weiblichen Befragten mit nur 14,3% angeben, Bitcoins zu besitzen. Die männlichen Teilnehmer wiederum geben mit 45.7% an, dass sie virtuelle Währung besitzen würden. Auch hier wird deutlich, dass überwiegend die männliche Bevölkerungsschicht sich mit dem Thema Kryptowährung auseinandersetzt.[60] Die Gründe hierfür können vielseitig sein. Eine Umfrage über Anlegerpsychologie fand heraus, dass Männer risikofreudiger sind. Frauen dagegen brauchen länger um Entscheidungen zu treffen, da sie informierter ihr Geld anlegen und somit zurückhaltender sind.[61] Dies würde bedeuten, dass die Themen „Bitcoins" und „Online-Währungen" noch zu undurchsichtig sind. Die Möglichkeiten an virtuelle Währungen zu kommen oder mit diesen gar zu spekulieren, sind in den Medien wenig vertreten. Es fehlt an Vertrauen in die virtuelle Währung, welches seit 2015 allerdings konstant gestiegen ist. Ins Auge stechend durch den vierfachen Anstieg des Besitzes von Onlinewährungen laut der Umfrageauswertung. Nur 6% der Befragten, welche zwischen 2012 und 2015 etwas von virtueller Währung gehört haben, gaben an, heutzutage diese alternativen Währungen tatsächlich zu besitzen. Die nächsten Fragen behandeln die Vielfalt der Kryptowährungen. Von den 28,4%, die angeben, virtuelle Währung zu besitzen, geben die Hälfte an, über Bitcoins zu verfügen. Den zweiten Platz belegt Ethereum, welcher mit Beginn diesen Jahres zunehmend an Popularität gewinnt. Hier wird deutlich, dass es viele unterschiedliche Kryptowährungen gibt und es sich als schwierig erweist, eine auszuwählen. Es ist ersichtlich, dass die Menschen nach dem Prinzip „von jedem etwas" leben und dadurch zum Kauf vieler unterschiedlicher Kryptowährungen neigen. Dass dies einen großen Verlust mit sich bringen kann, ist vielen unbewusst. Da eine virtuelle Währung ausschließlich auf dem „Nachfrage-Angebot-Prinzip" beruht, ist es durchaus möglich, dass der Preis von heute auf morgen rapide sinken kann. Alleine ein Hackerangriff auf eine Internetseite, welche Wallets verwaltet, könnte für einen großen Kurssturz sorgen. Deshalb ist es wichtig, sich auf wenige virtuelle Währungen zu fixieren und den Nutzen

---

[59] Vgl. Umfrageergebnisse: „Onlinewährung eine bargeldlose Zukunft?" (s.Anhang).

[60] Vgl. Umfrageergebnisse: „Onlinewährung eine bargeldlose Zukunft?" (s.Anhang).

[61] Vgl. https://www.raiffeisen.ch/blog/de/stream/anlegerpsychologie.html abgerufen am 29.06.2017.

herauszukristallisieren. Dem Nutzer von Kryptowährung muss bekannt sein, für welche Zwecke die virtuelle Währung genutzt wird. Während sich als Investitionsgrundlage eher Währungen mit einem geringen Marktwert und einem niedrigen Kurs eignen, da sie noch ein großes Potenzial aufweisen, eignen sich Bitcoins und Ethereum als Anlagegut und für den alltäglichen Gebrauch, da es mehr Akzeptanzstellen gibt. Um einen Zusammenhang zum Kapitel 4.2 zu schaffen, wurden die Umfrageteilnehmer befragt, ob ihnen der Begriff „Altcoins" geläufig ist. 74 Menschen geben an, noch nicht mit dem Begriff in Kontakt gekommen zu sein – überwiegend Frauen. Nur vier weibliche Befragte setzten sich mit der Begrifflichkeit auseinander. Insbesondere Altcoins weisen ein großes Potenzial im Wachstum auf. Allein wenige Investoren, welche in einen Altcoin investieren, reichen aus, um den Kurs um das zehnfache zu steigern. Man erkennt deutlich das Potential, welches in virtueller Währung steckt - Insbesondere in Frauen, die kaum einen Kontakt zur Online-Währung bekommen haben. Die vorletzte Frage behandelt die Integration der Online-Währung in den Alltag. Die Teilnehmer werden befragt, ob sie jemals damit bezahlt haben. Lediglich 25 Personen geben an, bereits Verwendung im Bezahlen gefunden zu haben. Um die Popularität des Bitcoins zu steigern, müsse es mehr Akzeptanzstellen geben, die den Alltag erleichtern - Besonders außerhalb des stationären Handels, innerhalb großer Onlineshops, wie beispielsweise Amazon. Jene bedürfen einer Auseinandersetzung und Akzeptanz der Online-Währung. Somit würde es mehr Möglichkeiten geben, Bitcoins und andere Online-Währungen in Bezahlvorgängen zu integrieren und sich diese als potenzielle Währungen anzusehen. Zwar bieten einzelne Wallet-Anbieter an, Kryptowährungen im Amazon-Gutscheine umzutauschen, allerdings handelt es sich hierbei eher um Ausnahmen.[62] Um die Reichweite der Umfrage auszuwerten, wurde in der letzten Frage ermittelt, ob die Teilnehmer lediglich aus der Bundesrepublik Deutschland kommen. Die Umfrage hat sich – abgesehen von fünf Personen, ansässig in den Nachbarländern, nur aus Antworten deutscher Staatsbürger zusammengesetzt. Da die Umfrage allerdings nur auf deutschen Internetportalen publiziert wurde, kommt es zu dieser länderspezifischen Reichweite.[63]

---

[62] Vgl. Umfrageergebnisse: „Onlinewährung eine bargeldlose Zukunft?" (s.Anhang).
[63] Vgl. Umfrageergebnisse: „Onlinewährung eine bargeldlose Zukunft?" (s.Anhang).

6.   SWOT-Analyse der Kryptowährung

Im folgenden Kapitel wird die SWOT-Analyse als Instrument genutzt, um zu schauen, inwieweit virtuelle Währung unsere traditionelle Währung ablösen kann. Zunächst werden Stärken und Schwächen im Vergleich zur traditionellen Währung konkretisiert um anschließend die Chancen und Risiken von Krypowährung herauszukristallisieren. Im Anhang befindet sich für die visuelle Unterstützung eine Grafik zur Veranschaulichung der SWOT-Analyse.[64]

Ein Schwachpunkt ist, dass im Gegensatz zum Euro bei virtueller Währung die Geldwertstabilität fehlt. Die Kurse der verschiedenen Kryptowährungen basieren auf Angebot und Nachfrage. Kommt es zu einer hohen Nachfrage und einer hohen Kaufkraft der virtuellen Währung, steigt der Kurs. Im Gegensatz dazu, kann er bei einer niedrigen Nachfrage sinken.[65] Da der Kurs durch unterschiedliche Ereignisse beeinflusst wird, ist die Stabilität nicht gewährleistet. Beispielsweise sank der Bitcoin-Kurs sehr stark, als die illegale Handelsplattform „Silk Road" oder die Bitcoin Börse „Mt. Gox" geschlossen wurde. Im Gegensatz dazu, stieg dieser im Dezember 2013 enorm an als der PayPal-Chef David Marcus sagte[66]: "Ich liebe Bitcoins. Ich besitze Bitcoins"[67]. Außerdem wird virtuelle Währung oftmals eher als Spekulations- und Investitionsobjekt angesehen. Durch die häufigen Kursschwankungen versuchen Investoren Kryptowährungen günstig einzukaufen um sie gewinnbringend zu verkaufen. Allerdings ist es bei einer Währung wichtig, dass starke Kursschwankungen ausbleiben, um eine Preisniveaustabilität zu gewährleisten. Durch die bisher geringe Anzahl an Akzeptanzstellen gibt es momentan nur sehr wenige Anbieter, die Waren gegen Online-Währung anbieten. Dadurch ist es nicht möglich, Angaben zum Binnenwert zu geben. Folglich bleibt vielen Verbrauchern das Kryptowährungskonzept noch unbekannt. Die genaue Teilnehmeranzahl, die am diesem neuartigem Währungssystem teilnimmt können nicht ermittelt werden. Lediglich die Anzahl der Konten, welche an Transaktionen beteiligt sind. Allerdings kann sich jeder durch die fehlende Registrierung Mehrfach-Accounts erstellen, weswegen die genaue

---

[64] Vgl. Homburg, Christian: S. 133.

[65] Vgl. Clement, Reiner; Schreiber, Dirk (2016): S.335-337.

[66] Vgl. Schmücker, Natalie; Wiedemann, Arnd (2014): S.121-122.

[67] http://www.zdnet.de/88178749/paypal-chef-haelt-bitcoin-fuer-gute-idee-nfc-zahlungen-nicht/?inf_by=596376e2681db809428b490a abgerufen am 10.07.2017.

Zahl unbekannt ist.[68] Außerdem sind die Verlustmöglichkeiten sehr hoch. Während man bei der traditionellen Währung mal ein paar Münzen verlieren kann, kann bei virtueller Währung von heute auf morgen der Kontostand auf Null stehen. Dadurch, dass es kaum Wallets gibt, die Versicherungen anbieten, ist es sehr schwierig, Onlinewährung verlustsicher aufzubewahren. Durch die fehlende staatliche Regulierung müssen Nutzer dem System vollkommen vertrauen, da es keine Gewissheit gibt, wie der Kurs am nächsten Tag steht oder ob das System zusammenbricht. Eine weitere Schwäche ist die Zunahme von Kriminalität. Zwar gibt es bei unserer traditionellen Währungen auch Möglichkeiten (z.B. Geldwäsche) um Steuern zu hinterziehe. Allerdings wird dies durch die gegebene Anonymität und fehlenden Verifizierungen mit Hilfe von Kryptowährung stark vereinfacht. Somit ist es möglich, Handel mit Waffen oder anderen illegalen Substanzen zu betreiben.[69] Eine weitere Schwäche zur traditionellen Währung ist die ausschließliche Online-Abwicklung. Während man bei dem Euro Bargeld besitzen kann, ist es bei Online-Währung nicht möglich, einen materiellen Wert zu erlangen. Zu guter Letzt wird kein Rückruf-Service angeboten. Während bei einem herkömmlichen Bankkonto die Möglichkeit besteht, bei einem falschen Beitrag eine Rücklastschrift zu veranlassen, können Kryptowährungen beim Verlassen der Wallet nicht zurück transferieren werden und müssen auf den Empfänger vertrauen. Somit kann ein Zahlendreher in der Wallet-Adresse oder im Betrag fatale Folgen haben. Obwohl das System Schwächen besitzt und bisher noch unausgereift wirkt, gibt es mehrere Stärken. Eine Bank bestätigt mehrmals am Tag Überweisungen während der Geschäftszeiten. Virtuelle Währung kann jeder Zeit transferiert werden und durch die kurze Transaktionsdauer ist es möglich, 24 Stunden am Tag eine Überweisung auf eine andere Wallet zu tätigen. Somit hat jeder Nutzer die Möglichkeit, innerhalb weniger Minuten auf seine Kryptowährungen zuzugreifen. Würde man in einem Restaurant einen Kaffee mit Bitcoins bezahlen, würden diese innerhalb weniger Minuten auf der Wallet sein. Im Gegensatz dazu, ist bei einer EC-Zahlung der Betrag meist erst nach zwei bis drei Tagen verbucht. Neben dem sofortigen Zugriff ist auch eine länderübergreifende Transaktion möglich. Da es keine Banken und Zwischenhändler gibt, können Transaktionen kostengünstig von einer zur anderen Wallet transferiert werden, auch wenn der Nutzer im Ausland wohnhaft ist. Dies sorgt für ein Zeit- und Geldersparnis. Durch einen einfachen Onlinezugang können Beträge schnell versendet werden. Überweisungsscheine sind somit nicht nö-

---

[68] Vgl. Clement, Reiner; Schreiber, Dirk (2016): S.335-337.

[69] Vgl. Schmücker, Natalie; Wiedemann, Arnd (2014): S.119-120.

tig. Lediglich die Wallet-Adresse muss eingegeben werden und der gewünschte Betrag wird transferiert. Zu guter Letzt gibt es die Möglichkeit auch Kleinstbeträge zu überweisen und somit würden auch geringe Zahlbeträge keine Herausforderung darstellen.

Jedes System bietet Chancen und Risiken. Neben vorteilhaften Eigenschaften bringt das Thema Kryptowährungen, basierend auf den Schwächen, auch Risiken mit sich. Um ein Resümee zu ziehen, müssen die Stärken und Schwächen in den Chancen und Risiken miteinander verglichen werden um anschließend in der Schlussbetrachtung abzuwägen, ob Kryptowährungen der Weg einer bargeldlosen Zukunft sind. Neben dem Wechselkursrisiko, was auf der Schwäche der „fehlenden Geldwertstabilität" aufbaut, gibt es ein Verlust- und Sicherheitsrisiko. Zwar sind die Coins durch Verschlüsselungstechnologien gesichert, allerdings schließt das einen Verlust des persönlichen Schlüssels oder einen Hackerangriff nicht aus. Kommt es zum Verlust Passwort oder des persönlichen Zugangsschlüssel, wird der Zugang zu seinen Kryptowährungen unmöglich. Daher sollte jeder Nutzer seinen persönlichen Schlüssel mehrmals aufbewahren, um seinen Zugriff zu gewährleisten. Ein weiteres Risiko ist die mangelnde Akzeptanz in der Gesellschaft und das Missbrauchsrisiko. Die Coins werden durch fehlendes Vertrauen nicht als anerkannte Währung angesehen und demzufolge nur in illegalen Netzwerken genutzt. Somit würde der Coin zwar auf bestimmten Marktplätzen zur Bezahlung genutzt werden, allerdings kommt es zu einer Förderung von Kriminalität. Des Weiteren kann es zu Verboten von der Regierung kommen, insbesondere in steuerlicher Hinsicht. Bisher müssen Gewinne aus Bitcoins, die die innerhalb eines Jahres generiert wurden, zwar versteuert werden, allerdings sind diese nach einem Jahr, wenn sie unberührt auf der Wallet lagen, steuerfrei. Da diese Transaktionen nicht über Banken abgewickelt werden, gibt es auf diese keine Abgeltungssteuern. Die Besteuerung von Kryptowährungen ist bisher noch undurchsichtig. Allerdings könnte die Problematik geklärt werden und sich negativ auswirken, da der Staat Bitcoins und Co. als „illegal" einstufen kann oder den Gewinn hoch versteuern lässt. Somit würden Kryptowährungen kaum Chancen im Alltag haben. [70]

Als Chance dagegen steht der Kryptowährung ein internationaler Markt zur Verfügung. Während Länder auf einzelne Währungen spezialisiert sind, können Bitcoins und Altcoins weltweit und länderübergreifend verwendet werden. Sie können als Alternative zur traditionellen Währung oder anderen Online-Bezahlsystemen gesehen werden. Falls Werbekampagnen erstellt werden oder größere Akzeptanz in Unternehmen herrscht, wird die Gesellschaft auf die

---

[70] Vgl. Schmücker, Natalie; Wiedemann, Arnd (2014): S.119.

virtuelle Währung aufmerksam. Unter anderem akzeptiert die Firma „Lieferando" als Bezahlmöglichkeit für Essen seit dem 1. Juli 2017 Bitcoins.[71] Dies sorgt dafür, dass die Kunden, die bei Lieferando bestellen, sich mit dieser alternativen Zahlungsmethode auseinandersetzen. Und wenn in Zukunft mehr Firmen diese Bezahlmöglichkeit einführen, steht einem enormen Wachstum und dem Potenzial, eine anerkannte Währung zu werden, nichts mehr im Weg.

7. Schlussbetrachtung

Die Menschen leben täglich zwischen Prognosen, Daten und Fakten. Einige meinen, dass der Bitcoin-Kurs in zehn Jahren auf 500.000 Dollar steigt. Andere sagen, dass er in einigen Jahren wertlos sein wird. Doch wie der Kurs sich verhalten wird, bleibt ungewiss und ist nicht prognostizierbar, da virtuelle Währung alleine von Angebot und Nachfrage lebt. Es ist nicht voraussehbar, wie sich diese in fünf Jahren verhalten wird und wo die Gesellschaft bis dahin stehen wird.

Inwieweit eine virtuelle Währung ein jahrhundertealtes System eliminieren kann, bleibt fraglich. Und ob sie jemals eine staatliche Währung umwerfen kann, ist bisher unwahrscheinlich. Auch wenn es zahlreiche, auch prominente, Befürworter von Kryptowährung gibt, fehlt es an der Umsetzung. Je mehr Menschen virtuelle Währung nutzen, desto mehr wird sie akzeptiert und desto vertrauter wird die Beziehung zur Onlinewährung. Durch die Akzeptanz in mehreren Ländern kommt es zu Kurssteigerungen. Allerdings werden virtuelle Währungen durch die fehlende Kursstabilität eher als risikoreiche Investitionsmöglichkeit genutzt, anstatt als Bezahlmöglichkeit. Zwar sind bei Investitionen hohen Renditen möglich, allerdings können auch finanzielle Einbuße entstehen. Von der Akzeptanz als anerkannte Währung werden Bitcoins & Co. noch viele Jahre entfernt sein. Es ist nicht voraussehbar, ob Kryptowährung sich in den nächsten Jahren etablieren wird. Zumindest besteht die Chance, dass die virtuelle Währung neben PayPal als Online-Bezahlmöglichkeit fungiert. Da die Menschheit in den kommenden Jahren immer mehr zu bargeldlosen Bezahlvorgängen neigt, wird Kartenzahlung nach wie vor präsent. Inwieweit Kryptowährungen in diesen Bezahlvorgängen integriert werden, bleibt fraglich, da Menschen eher auf Sachwerte anstatt auf virtuelle Scheinwerte setzen. Anhand der Auswertung der Onlineumfrage, die in dieser Seminararbeit durchgeführt wurde,

---

[71] Vgl. https://www.lieferando.de/blog/mit-bitcoins-essen-bestellen/ abgerufen am 20.07.2017.

ist ersichtlich, dass ein Großteil der deutschen Bevölkerung bereits etwas über Online-Währung gehört hat. Allerdings ist der Anteil der Menschen, die Kryptowährungen besitzen, sehr gering. Durch die wenigen Alternativen, die angeboten werden, um mit virtueller Währung zu bezahlen, wird der Besitz von Bitcoins und Co. nicht als notwendig angesehen. Allerdings bietet der Markt weitaus mehr Währungen als nur den Bitcoin. Es kann gut möglich sein, dass Altcoins in Zukunft ein größeres Potenzial aufweisen, da sie an den Schwachstellen vorangegangener Kryptowährungen anknüpfen und sie verbessern. In den nächsten Jahrhunderten wird das Internet sowie auch das Geld immer mehr bzw. weiter revolutioniert werden. Technologien und weitere Evolutionsstufen werden die Bezahlvorgänge vereinfachen. Das Potenzial und die Anzahl gekaufter Kryptowährungen wächst beständig. Allerdings sind ein Großteil der Menschen noch nicht bereit für virtuelle Währung. Dies kommt durch die Verbindung mit illegalen Drogen- und Waffenkäufen, die mit der Anonymität einhergehen. Die Vorteile, die bereits in der SWOT-Analyse beschrieben worden, sind für viele Bürger nicht erkennbar. Viele fragen sich „Wieso sollte ich eine virtuelle Währung nutzen, wenn ich doch beim nächsten Lebensmittelladen auch mit Bargeld oder EC-Karte zahlen kann?" Dieses Denken müsse aus den Köpfen der Menschen verschwinden, um sie für eine neue Währungstechnologie zu begeistern. Bisher sind es nur Nutzer, die gegen das etablierte Wirtschaftssystem sind oder welche, die sich hohe Kursgewinne erhoffen. Hingegen sind jene, welche Kryptowährung ausschließlich für Bezahlvorgänge nutzen, in der Minderheit.

Auch wenn in absehbarer Zeit keine bargeldlose Zukunft mit Kryptowährung in Sicht ist, regen Bitcoins und Altcoins schon heute die Fantasien in der Gesellschaft an. Und wer weiß - stellen Sie sich vor, Sie lesen diese Studienarbeit in fünf Jahren erneut - wie wird sich unsere Meinung zur Kryptowährung geändert haben und wie hoch ist der Bitcoin-Kurs dann?

Literaturverzeichnis

Burgwinkel, Daniel (2016): Blockchain Technology: Einführung für Business- und IT-Manager, 2016, 1. Auflage,Basel,S.115

Conrad, Peter (2013): Bitcoin – Perspektive oder Risiko?, 2013,1.Auflage,Berlin,S.6;S.20ff.

Clement, Reiner; Schreiber, Dirk (2016): Internet-Ökonomie: Grundlagen und Fallbeispiele der vernetzten Wirtschaft,2016,3.Auflage, Bonn, S.333-337.

Czada, Peter (2013): Internationale Währungsprobleme. 1988, Berlin, S.7.

Hesse, Jan-Otmar (2013): Wirtschaftsgeschichte: Entstehung und Wandel der modernen Wirtschaft,2013,1.Auflage,Frankurt am Main,S.142.

Homburg, Christian (2000): Quantitative Betriebswirtschaftslehre: Entscheidungsunterstützung durch Modelle, 2000, 3. Auflage, Wiesbaden, S.133.

Los hin, Peter (2015): Anonym im Internet mit TOR und Tails: Nutze die Methoden von Snowden und hinterlasse keine Spuren im Internet,2015,1.Auflage,Ort unbekannt,S. 16-17.

Rossmann ,Alexander; Tangelmann, Michael (2015): Marktplätze im Umbruch – Digitale Strategien für Services im Mobilen Internet,2015,1.Auflage, München,S.503.

Schirmer, Steffi (2016): Kryptowährung und deren Zukunftsaussichten,2016, 1.Auflage, Hamburg, S.11-12.

Schmücker, Natalie; Wiedemann, Arnd (2014): Umnutzung: Alte Sachen, neue Zwecke,2014, 1.Auflage, Birkach, S.119-122.

Schneider, Dieter J. G. (2002): Einführung in das Technologie-Marketing,2002,1.Auflage,Wien,S.87.

Schnettler, Katrin (2007): Keine ,Angst vorm Wirtschaftsteil, 2003, 1.Auflage, Münster, S.107.

Sixt, Elfriede (2017): Bitcoins und andere dezentrale Transaktionssysteme – Blockchains als Basis einer Kryptoökonomie,2017,1.Auflage,Wien,S.5-10;S.17-20;S.48-49;S.113;S.158-160;S.162-168.

Sorge, Christoph; Grimberghe-Krohn, Artus (2013): Bitcoin – das Zahlungsmittel der Zukunft (Artikel im „Wirtschaftsdienst"),2013,Ort unbekannt,S.720-722.

Platzer, Joerg (2014): Bitcoin – kurz & gut,2014,1.Auflage,Köln, S.17-19;;S.20-22.

Wallmüller, Ernest (2017): Praxiswissen Digitale Transformation: Den Wandel verstehen, Lösungen entwickeln, Wertschöpfung steigern, 2017, 1.Auflage,München, S.139.

Internet-/Intranetverzeichnis

ARD: „Die Finanzquelle des Krieges" abgerufen am 06.06.2017.
http://boerse.ard.de/boersenwissen/boersengeschichte-n/die-finanzquelle-des-krieges100.html

Beiersmann, Stefan: Paypal-Cheft hält Bitcoin für eine gute Idee abgerufen am 10.07.2017.
http://www.zdnet.de/88178749/paypal-chef-haelt-bitcoin-fuer-gute-idee-nfc-zahlungen-nicht/?inf_by=596376e2681db809428b490a

Berliner Morgenpost: In Kreuzberg kann man auch mit virtuellem Geld zahlen abgerufen am 20.07.2017.
https://www.morgenpost.de/bezirke/friedrichshain-kreuzberg/article119833982/In-Kreuzberg-kann-man-auch-mit-virtuellem-Geld-zahlen.html

Bitcoin-Adresse abgerufen am 23.06.2017.
https://de.bitcoin.it/wiki/Adresse

Bitcoin – der Beginn einer Alternative zum staatlichen Geld? Abgerufen am 22.06.2017.
http://www.derhauptstadtbrief.de/cms/114-der-hauptstadtbrief-135/1034-bitcoin-ist-der-beginn-einer-alternative-zum-staatlichen-geld

Bitcoin für Einzelpersonen abgerufen am 22.06.2017.
https://bitcoin.org/de/bitcoin-fuer-einzelpersonen

Bitcoin knackt 2000 Dollar abgerufen am 23.06.2017.
http://t3n.de/news/bitcoin-knackt-2000-dollar-824768/

Bitcoin-Kurse abgerufen am 29.06.2017.‘

http://www.ariva.de/btc-eur-bitcoin-euro-kurs/historische_kurse?boerse_id=163&month=2016-08-31&clean_split=1&clean_split=0&clean_payout=0&clean_bezug=1&clean_bezug=0

BTC-Germany: Bitcoin du Litecoin bald als Zahlungsmittel von Amazon akzeptiert? Abgerufen am 06.06.217.

https://www.btcgermany.de/bitcoin-und-litecoin-bald-von-amazon-als-zahlungsmittel-akzeptiert/

Coin-Pumping abgerufen am 14.07.2017.

http://cryptopump.blogspot.de/2014/08/erfolgreiches-pump-altcoin-daytrading.html

Der aktuelle Bitcoin Kurs im Überblick abgerufen am 23.06.2017.

https://www.btc-echo.de/bitcoin-kurs/

Der Tagesspiegel: Schattenwährung lässt Experten rätseln abgerufen am 27.06.2017.

http://www.tagesspiegel.de/wirtschaft/bitcoin-schattenwaehrung-laesst-experten-raetseln/9152370.html

Die Geschichte des Geldes abgerufen am 19.07.2018.

https://www.mdm.de/muenzwelt/einfuehrung-ins-muenzen-sammeln/geschichte-des-geldes

Garber, Jonarthan: Der erste Snapchat-Investor glaubt, dass Bitcoin 2030 500.000 Dollar wert sein wird abgerufen am 23.06.2017

http://www.businessinsider.de/der-erste-snapchat-investor-glaubt-dass-bitcoin-2030-500000-dollar-wert-sein-wird-2017-5

Gold-Notenbanken treiben Investoren in Bitcoin & Co. abgerufen am 04.07-2017.

https://www.gold.de/artikel/gold-notenbanken-treiben-investoren-in-bitcoin-co/

Google-Trend-Analyse abgerufen am 27.06.2017.

https://trends.google.de/trends/explore?geo=DE&q=bitcoin

Hashwert abgerufen am 22.06.2017.
https://www.datenschutzbeauftragter-info.de/hashwerte-und-hashfunktionen-einfach-erklaert/

Kroker, Michael: Pinterest, das Frauen-Netzwerk abgerufen am 13.07.2017.
http://blog.wiwo.de/look-at-it/2014/05/14/pinterest-das-frauen-netzwerk-4-von-5-nutzern-sind-weiblich-und-92-prozent-aller-beitrage/

Kryptowährung – Martkwert abgerufen am 29.06.2017.
https://coinmarketcap.com/ ,

Bitcoin - 51- Attacke abgerufen am 29.06.2017.
https://www.btc-echo.de/bitcoin-51-attacke/

Lenz,Andreas: 10 Gründe, warum Kryptowährungen boomen abgerufen am 14.07.2017.
http://t3n.de/news/kryptowaehrungen-boom-warum-824539/

Mit Bitcoins Essen bestellen abgerufen am 20.07.2017.
https://www.lieferando.de/blog/mit-bitcoins-essen-bestellen/

Nonce abgerufen am 22.06.2017.
http://www.itwissen.info/nonce-number-used-once.html

The Bitcoin: Rise, Opportunities, and Threats abgerufen am 10.07.2017
http://www.marketresearchreports.com/blog/2013/12/23/bitcoin-rise-opportunities-and-threats

Wallet-Erstellung abgerufen am 22.06.2017.
https://cryptopay.me/card_orders/new

Wie viele Bitcoin-Adressen gibt es? Abgerufen am 22.06.2017.
http://www.blockchaincenter.de/fragen/wie-viele-bitcoin-adressen-gibt-es/

Wildi, Robert: Anlegerpsychologie – Frauen vs. Männer abgerufen am 29.06.2017.
https://www.raiffeisen.ch/blog/de/stream/anlegerpsychologie.html abgerufen am 29.06.2017

Anhang

Im Folgenden befindet sich die SWOT-Analyse, welche für Kapitel 6 als Grundlage genutzt wurde.[72]

Stärken	Schwächen
• anonymisiertes System • kurze Transaktionsdauer, • länderübergreifende Transaktionen • Investitionsmöglichkeit • begrenzte Anzahl • einfacher Zugang (kein Bankkonto) • geringe Transaktionsgebühren • keine Zwischenhändler	• fördert illegalen Markt • starke Kursschwankungen • wenige Akzeptanzstellen • keine Sicherheiten/Versicherungen bei Verlust • Nutzer müssen dem System Vertrauen • nicht handfest (ausschließlich online) • Spekulationsobjekt • keine Rücklastschrift
Chancen	Risiken
• internationaler Markt • Alternative zur traditionellen Währung	• Sicherheitslücken (Angriffsfläche für Hacker) • Regierungsverbot (steuerliche Hinsicht)

---

[72] Eigene Darstellung in Anlehnung an http://www.marketresearchreports.com/blog/2013/12/23/bitcoin-rise-opportunities-and-threats abgerufen am 10.07.2017.

BEI GRIN MACHT SICH IHR WISSEN BEZAHLT

- Wir veröffentlichen Ihre Hausarbeit,
  Bachelor- und Masterarbeit

- Ihr eigenes eBook und Buch -
  weltweit in allen wichtigen Shops

- Verdienen Sie an jedem Verkauf

Jetzt bei www.GRIN.com hochladen
und kostenlos publizieren